GUSTAVE PLANCHE

EN COURS DE PUBLICATION

CHEZ LE MÊME LIBRAIRE

MÉMOIRES DE NINON DE LENCLOS

PAR EUGÈNE DE MIRECOURT

60 livraisons à 25 centimes, avec gravures.
18 fr. l'ouvrage complet par la poste.

OUVRAGE TERMINÉ

CONFESSIONS DE MARION DELORME

PAR EUGÈNE DE MIRECOURT

60 livraisons à 25 centimes, avec gravures.
18 fr. l'ouvrage complet par la poste.

PARIS. — IMP. SIMON RAÇON ET COMP., RUE D'ERFURTH, 1.

GUSTAVE PLANCHE

LES CONTEMPORAINS

GUSTAVE PLANCHE

PAR

EUGÈNE DE MIRECOURT

PARIS
GUSTAVE HAVARD, ÉDITEUR
15, rue Guénégaud, 15
1856

L'auteur et l'éditeur se réservent le droit de traduction
et de reproduction à l'étranger.

GUSTAVE PLANCHE

S'il y a une aristocratie légitime parmi les hommes, c'est à coup sûr l'aristocratie de l'intelligence.

Tous ceux qui portent au front le signe éclatant dont parle l'auteur du *Paradis perdu*, poëtes, artistes ou philosophes, sont princes, rois ou empereurs, par le droit divin du génie.

Or le vieil adage chevaleresque a dit :

« Noblesse oblige. »

Si vous avez gagné votre inscription au Livre d'or, n'oubliez pas que vous êtes patricien. Ayez, avant tout, le respect de vous-même.

Il n'est pas plus permis à un esprit d'élite de se ravaler au niveau des parias de l'abrutissement qu'à César de se faire histrion.

Puisque vous appartenez à l'espèce humaine, vous pouvez avoir des défauts, des vices, des passions; mais, corbleu! n'en faites jamais parade! Cachez-les, comme on cache la lèpre, et gardez-vous de descendre jusqu'au cynisme.

Lorsque le talent vous a fait sortir de la

foule, vous appartient-il de nous moraliser à la façon de l'ilote immonde que les Spartiates mettaient en présence de leurs fils pour les dégoûter de l'ivresse ?

Non, par le ciel !

Il ne suffit pas d'être un écrivain habile, pur, correct, élégant, de se montrer judicieux interprète de l'art et de posséder ce grand mérite, l'indépendance.

Nous voulons davantage.

A l'homme qui parle et qui enseigne nous demandons un grand cœur, une foi vive, un esprit généreux.

Si nous rencontrons sécheresse d'âme, égoïsme, apathie, sensualité brutale, nous reculons d'horreur, comme les enfants de Sparte.

Ces réflexions nous sont inspirées par la personne et les mœurs de l'homme dont nous allons raconter la vie.

Or il nous semble entendre nos aimables et judicieux adversaires pousser des cris de triomphe, *assurés* encore une fois de nous trouver en pleine contradiction avec nous-même, car nous n'avons eu que des éloges pour Gérard de Nerval, et Gustave Planche, diront-ils, n'est pas plus coupable que lui.

D'abord, messieurs, permettez-nous de vous l'apprendre, si vous l'ignorez, Gérard n'était point matérialiste.

Il est descendu dans la bohème par mépris du monde et sous le coup des injustices sociales, sans faire de sa dégradation physique ni une doctrine ni un système.

Gérard n'a pas eu la prétention d'instruire ses confrères et de leur administrer des coups de férule.

Son âme candide, pure, inoffensive et toujours poétique, surnageait au-dessus de la fange comme une fleur sur un marécage.

Ceux qui l'ont connu, dans cette route singulière où le poussaient la muse et la folie, n'ont jamais éprouvé le sentiment pénible de répulsion et de dégoût que d'autres nous inspirent dans leur abaissement.

Nous ne sommes pas fâché de vous expliquer cela tout d'abord, et sur les premières pages de ce volume.

Gustave Planche est né à Paris le 16 février 1808.

Son père était un riche pharmacien, dont l'établissement se trouvait au coin de la rue de la Chaussée-d'Antin et du boulevard, dans une maison à deux étages, qui fut démolie et reconstruite avec quatre étages de plus.

Chassée par les maçons, la pharmacie Planche se réfugia rue Basse-du-Rempart, où elle est encore.

M. Planche père, homme distingué dans sa profession, traduisit la *Pharmacopée générale* de Brugnatelli et le *Manuel* du savant anglais Brande.

Plus tard, il fonda une espèce de revue, dans laquelle il rendit compte des travaux de la Société de pharmacie, dont il devint l'un des membres les plus actifs.

Son fils Gustave, destiné à lui succéder, fut mis dans un pensionnat qui suivait les cours du collége Bourbon.

Tout d'abord on le compta parmi les élèves les plus intelligents, mais aussi parmi les plus mauvais sujets.

Un magistrat, son ex-condisciple, témoin de ses prouesses, nous en a fait un récit détaillé.

Ce grave narrateur en riait encore à trente années de distance.

Les *pions* ou les *chiens de cour* (pardonnez-nous de les appeler de ce nom, que doit leur donner éternellement l'irrévérence des colléges) étaient les martyrs de Gustave.

Il contrefaisait avec audace leur voix, leurs gestes, leurs allures plus ou moins ridicules.

On l'a vu jeter de l'encre sur leurs pantalons, planter des épingles, la tête en bas, dans la paille de leurs chaises, couper des brosses dans leur lit et lâcher, un soir, au beau milieu de leurs draps, — cet âge est sans pitié! — cinquante-trois puces, qu'il avait tenues, pendant cinq jours, enfermées dans une bouteille, au jeûne le plus absolu.

Gustave était l'âme de toutes les conspirations, l'inventeur de toutes les charges, le boute-en-train perpétuel du désordre.

Préludant aux exploits gastronomiques et bachiques qui devaient être la plus sérieuse affaire de sa vie, le jeune disciple de Comus organisa, dans la salle de classe même et sous un gradin de l'amphithéâtre, un appareil culinaire pour son usage particulier.

Comment cela? direz-vous.

Rien n'était plus simple.

Au moyen d'une lampe à esprit-de-vin dérobée au laboratoire paternel, d'une casserole de fer-blanc et d'une cafetière, il se préparait une infinité de douceurs et les consommait en silence, pendant que la voix chevrotante du maître expliquait Horace ou Claudien.

Ses camarades de droite et de gauche lui servaient de complices et masquaient sa batterie... de cuisine.

Il fallait pour cela, comme de juste, leur offrir une part du festin.

Gustave, soupirant, la leur faisait la plus petite possible.

Mais une chose désolait notre élève cuisinier, c'était de ne pouvoir suffisamment varier son ordinaire. Être condamné, tous les jours que Dieu fasse, à manger du chocolat ou des œufs à la coque, à ingurgiter du café noir ou du vin chaud, cela devenait insupportable.

Il rentre, un soir de congé, met en dé-

faut la surveillance du cerbère de la porte,
et passe un flacon de vieux cognac.

— Enfin, se dit-il, je boirai du punch !

Or il avait compté sans la flamme trop
ardente du perfide breuvage.

Le professeur, myope à demi, voit briller une clarté suspecte, et flacon, lampe,
cafetière, liquide, tout se confisque en un
clin d'œil.

Notre fabricant de punch est envoyé
aux arrêts pour huit jours, au pain sec et
à l'eau, supplice d'estomac dont il n'a
point, encore aujourd'hui, perdu le souvenir.

Bien d'autres méfaits du jeune et trop
dissipé Gustave restèrent sans punition.

Parmi ses condisciples, il y en avait un

dont la voix aigre et discordante affligeait les oreilles de la classe.

En vertu de son merveilleux talent d'imitation, notre héros parvient à reproduire ce détestable organe et songe tout naturellement à tirer parti de son savoir-faire.

Un traité se conclut.

Planche stipule une large subvention de gâteaux, de pralines, de friandises de toute nature (la partie contractante appartenait à une famille de confiseurs), et promet, en revanche, à son ami de l'exempter, pendant le cours de l'année scolaire, de toutes leçons à apprendre.

Le pacte fut observé religieusement de part et d'autre.

Quand le maître interpellait le fils du marchand de dragées et le priait de réciter de mémoire une tirade de Corneille ou des vers de Lucain, le glapissant jeune homme se levait, ouvrait les lèvres et les remuait sans proférer le moindre son.

Derrière lui, *sa voix*, ânonnant ou bredouillant, comme c'est l'us traditionnel au collége, récitait ou plutôt lisait la leçon demandée.

Gustave semblait avoir la *pratique* de Polichinelle sous la lèvre.

L'imitation était si parfaite, que la classe entière, à part les voisins immédiats, témoins du subterfuge, en était dupe comme le maître.

Nos deux complices atteignirent sans

encombré les vacances, l'un n'ayant pas
appris un mot par cœur, l'autre jouissant
du revenu en nature que lui procurait son
industrie.

Cependant, malgré ces tours coupables
suggérés par de continuelles préoccupations gastronomiques, notre héros fit d'excellentes études.

Il aimait presque autant les poëtes latins que les tartes aux fraises, et savourait Euripide en croquant des pralines au
chocolat ou en dégustant des pots de confitures, en sorte qu'au bout de cette année, d'un emploi si utile à son intelligence et à sa gourmandise, Gustave
remporta de nombreuses palmes au concours.

D'enthousiasme, il se donna, le soir même, une indigestion qui le retint au lit quarante-huit heures.

Le cycle de l'enseignement universitaire parcouru, notre lauréat gastronome entrait dans sa dix-huitième année.

Il prit à contre-cœur une première inscription à l'école de pharmacie, car l'idée de succéder à l'auteur de ses jours ne lui souriait nullement. Les électuaires ne lui étaient point sympathiques: il abominait les opiats. Préparer des sirops, des juleps et des potions médicinales, à l'instar de Thomas Diafoirus, lui semblait une besogne dégradante.

Néanmoins il dut ronger son frein.

Si le père était bon homme, il n'entendait pas raillerie sur le chapitre de sa profession.

Notre héros dissimula d'abord, employant à visiter les salons du Louvre toutes les heures de liberté que lui laissait le Codex, étudiant avec passion les antiques, admirant les toiles des maîtres, épelant le grand livre de l'art, voyant, jugeant, raisonnant, et se rendant compte de tout par lui-même, sans chercher des opinions toutes faites dans Winckelmann ou dans les œuvres du jésuite Lanzi.

Lorsque Planche eut fouillé tous les trésors de notre Musée national, il visita les collections particulières.

Il assista régulièrement aux ventes de tableaux, et y fit la connaissance d'un grand nombre d'amateurs et d'artistes.

Bientôt les ateliers lui découvrirent leurs mystères.

Gustave étudia l'art contemporain en fumant des cigarettes avec ses adeptes grands et petits dans le brouhaha des charges joyeuses et des *scies* grotesques.

En vérité, c'était une agréable et douce existence.

Notre élève apothicaire paraissait une heure au plus, le matin, à l'officine paternelle. Il partageait ses loisirs entre les beaux-arts et la littérature [1], flânant avec délices, faisant bonne chère à la table

---

[1] A cette époque, il lut énormément, ce qui explique l'érudition profonde et la puissance de style dont il a tout d'abord donné la preuve.

du papa, libre d'embarras, exempt du moindre souci, tranquille, allègre, sans alarmes.

Trompeuse quiétude ! Elle dura quatre ans et finit par un coup de tonnerre.

M. Planche, un beau jour, s'avisa de se rendre à l'école de pharmacie pour voir si Gustave n'allait pas bientôt recevoir son diplôme.

Pendant que celui-ci faisait de l'esthétique avec Gérard, Gros, Pradier, Delacroix, son père le croyait, sans méfiance, au fond d'un laboratoire de chimie, interrogeant une cornue ou dialoguant avec un alambic.

Jugez de son indignation lorsqu'il apprend que monsieur son fils est absolument inconnu à l'école, et qu'il n'y a jamais mis le pied.

Il s'ensuit une scène épouvantable.

L'apothicaire furieux chasse l'enfant prodigue et lui donne sa malédiction.

Gustave fait ses paquets, emporte sa garde-robe, assez élégante alors, et court vendre tout ce qu'elle renferme de neuf et de présentable chez un fripier du voisinage, afin de se procurer quelques finances.

Une fois l'argent en son pouvoir, il endosse bravement celles des hardes dont on ne lui a pas offert un centime, les souille et les réduit en loques pour être mieux dans son rôle d'enfant maudit, chausse des bottes éculées, se coiffe d'un chapeau roussi par de longs services, et se promène, ainsi vêtu, le long du boulevard des Capucines, en plein Paris et en plein soleil.

Il passe et repasse vingt fois devant la boutique de son père, jouissant des réflexions que ce spectacle inspire aux honorables commerçants du voisinage et des propos qui circulent parmi les méchantes langues du quartier.

Gustave ne songe en aucune sorte à ce qu'il pourra devenir lorsque le diable aura pris la place des rares écus enfermés dans son gousset.

Comme il achevait sa vingtième évolution sur le boulevard, il se heurte contre un personnage qui part d'un joyeux éclat de rire en le voyant ainsi rivaliser de haillons avec Chodruc Duclos.

— Ah çà, lui dit ce promeneur, est-ce que tu poses pour les mendiants ou pour les Bélisaires? Vertu de ma vie! quelles superbes guenilles! Il paraît que tu fais concurrence aux bons pauvres de Bicêtre.

Nous devons prévenir le lecteur, avant d'aller plus loin, que ce personnage était le grand Ricourt.

Et, comme Ricourt a confessé dans sa vie beaucoup d'enfants prodigues, il confessa Gustave, dont il avait fait la connaissance chez les peintres.

Celui-ci ne lui cacha rien de sa mésaventure.

— Bon! dit Ricourt, n'est-ce que cela? Point de désespoir; je te prends sous ma protection. Viens travailler à l'*Artiste* et sois homme de lettres; tu as déjà le costume de l'emploi.

— Fameuse idée! j'accepte, dit Planche.

— Si tu acceptes! je le crois bien! Tu vas gagner de l'or. Cinq francs la page, et la page n'a que deux colonnes... Hein? c'est gentil! Voyons, du cœur au ventre, et torche-moi lestement un premier article!

Vingt-quatre heures après, Gustave lui apporte douze ou quinze feuilles volantes, contenant ses débuts comme écrivain.

— Bravo! bravissimo! s'écrie le rédacteur en chef de l'*Artiste* après avoir lu cette élucubration. Peste! il y a des idées là dedans, beaucoup d'idées neuves et supérieures. Où diable as-tu volé tant d'esprit? Sans compter l'originalité, le chic et le style... Diable! j'ai fait une bonne acquisition. Je ne te lâche plus.

Mais Gustave lâcha bientôt Ricourt.

Il pria M. de Vigny de le présenter à Buloz, entra sans coup férir à la *Revue des Deux Mondes*, et paya d'ingratitude la bienveillance du poëte[1].

Après avoir débuté par quelques traductions de l'anglais, il publia la revue du *Salon* de 1831.

[1] Voir la notice consacrée à M. de Vigny, pages 73 et 74.

Ses articles obtinrent un retentissement prodigieux.

Du premier coup, Gustave eut la hardiesse de se poser en juge souverain. La critique n'avait jamais montré plus de raison, plus de goût, plus d'intelligence. Sous la plume de ce nouvel organe, elle motivait chacun de ses jugements et s'exprimait dans une langue correcte et pure.

Planche gagna d'emblée son bâton de maréchal sur le champ de bataille de la critique d'art.

Ensuite il aborda le terrain cent fois plus glissant et plus escarpé de la critique littéraire. Une fois encore on le salua maître, et les criailleries ignobles de quelques envieux furent étouffées sous d'universels applaudissements.

Le feuilletoniste absurde des *Débats*, vaincu sur toute la ligne, eut de sérieuses idées de suicide.

Ainsi Gustave Planche prit possession du domaine entier de la critique, continua de passer alternativement en revue, selon les hasards de la production ou de son caprice, les œuvres des artistes, des poëtes et des musiciens.

Il serait impossible de présenter à nos lecteurs autrement qu'en bloc la masse énorme de travaux qu'il a éparpillés, depuis vingt-cinq ans, dans le recueil de Buloz.

D'ailleurs, les principaux de ces articles sont aujourd'hui réunis en volumes.

On peut constater aisément que Gustave Planche, à mesure qu'il marche dans sa voie, acquiert une solidité de jugement plus grande, une sagacité prodigieuse et une finesse extrême d'analyse.

Les *Salons* de 1833, de 1836, de 1838, de 1846 et de 1847 sont là pour appuyer au besoin notre sentiment. La librairie les a rassemblés sous le titre d'*Études sur l'école française*.

Donc, libre à vous de les parcourir, et de voir en quels termes magnifiques l'auteur parle de Phidias, de Raphaël, de Michel-Ange, de Léonard de Vinci, d'André del Sarto, du Corrége, de Rubens, de

Rembrandt, de Géricault, de Léopold Robert, d'Ingres, de Delacroix, de David d'Angers, de Mozart, de Beethoven et de Meyerbeer.

Le grand mérite de Planche est d'avoir su comprendre et juger mieux que personne les génies les plus opposés.

Pour voir si juste, il faut voir de haut.

Ce n'est pas le fait d'un esprit ordinaire que de se placer ainsi tout naturellement à la perspective exacte, sans être ébloui par le mirage trompeur des préjugés et des passions du moment.

Il faut avoir le diapason bien sûr pour laisser échapper si peu de fausses notes au milieu du charivari infernal des querelles d'écoles.

Gustave Planche, certes, a été prophète, lorsque, rompant en visière à l'engouement unanime, il proclama Pradier inférieur à David.

L'auteur de *Sapho*, comme il le dit fort bien, manquait de conception.

Pradier se trouvait à une distance énorme des Grecs, dont on a eu la sottise de le rapprocher. Jamais il n'a su être que gracieux et sensuel, tandis qu'eux, les maîtres incomparables, furent toujours, dans leurs œuvres, grands, sévères, et souverainement chastes.

Lorsque Planche définit les beautés de la musique, beautés si vagues, si insaisissables, si difficiles à traduire en langue vulgaire, le tour net, concis et limpide de sa phrase nous semble merveilleux dans le genre.

N'essayez pas, au nom du ciel, de lire après lui les Escudier ou l'honnête Pier-Angelo Fiorentino!

En critique d'art comme en critique littéraire, Gustave Planche est le maître, et tous les Janins du monde ne lui viennent pas à la cheville.

Toutefois nous établissons des réserves formelles contre beaucoup de ses jugements.

S'il exalte André Chénier, l'abbé Prévost, Mérimée, Villemain, Jules Sandeau, nous applaudissons à ses pages enthousiastes.

Mais, quand il déclare George Sand le premier moraliste du siècle, notre conscience réprouve un tel blasphème.

N'ose-t-il pas écrire sur Sainte-Beuve cette phrase étrange :

« Le style de *Volupté* possède les qualités habituelles de l'auteur : la grâce, la pureté qui lui sont familières se retrouvent dans ce livre. »

Est-ce une épigramme à deux tranchants ?

On pourrait le croire.

Il est défendu, sous peine de passer pour un sot, d'appeler *pureté* ce bredouillage confus, ces phrases aveugles qui se heurtent niaisement à tous les angles du style, comme de maladroites écolières jouant aux quatre coins, les yeux bandés.

Sous aucun prétexte, la manie de ne jamais rien dire simplement, de quintessencier les mots et de les passer à l'alambic, partout et à propos de tout, ne doit être prise pour de la *grâce*.

Au reste, nous donnons ici un véritable coup d'épée dans l'eau.

C'est évidemment la patte de Buloz qui a glissé dans l'article cette réclame imprudente [1]. Ailleurs, notre Aristarque se mon-

---

[1] Gustave Planche est indépendant vis-à-vis de tous, excepté vis-à-vis de l'autocrate bizarre entre les mains duquel reste, quoi qu'on fasse, le premier recueil littéraire de l'époque.

tre pour le père des *Rayons jaunes* beaucoup plus rigoureux que nous-même.

Guizot est jugé par Gustave Planche d'une manière parfaite.

Le critique refuse absolument au chef des doctrinaires ce mérite de style qu'on lui a si gratuitement prêté. Son appréciation est aussi juste que simple :

« Vous êtes creux, lui dit-il, vous n'êtes pas profond ! »

Il n'a pas assez de dédain pour Casimir Delavigne, le poëte bâtard, et pour Scribe, qu'il nomme le *coupletier*.

Du talent d'Eugène Sue et de celui de Ponsard il pense exactement comme nous.

Autrefois, — il y a quinze ans, — notre héros a parlé de Lamartine avec les plus magnifiques louanges. Il s'agissait du poëte. Maintenant il se montre impitoyable pour l'historien.

« Son nom restera grand, dit-il, dans le passé, entre les *Méditations*, les *Harmonies* et *Jocelyn*; mais qu'il ne compte pas sur la durée de ses œuvres historiques; elles ne méritent pas de durer. »

Gustave Planche, nous le répétons, est un véritable maître en critique.

Mais il est bien l'enfant de son siècle. Sur lui déteint notre époque niaise, entièrement livrée aux instincts de la matière.

Adorateur de la forme, amant insensé

de la beauté plastique, il ne jette aucune idée spiritualiste au milieu de ses jugements si nets et si précis.

Que lui importent Dieu, l'âme, l'éternité ?

Sornettes et babioles !

Tout cela n'est plus du goût de M. Planche.

Aussi n'a-t-il rien compris à Chateaubriand. Nos lecteurs vont être scandalisés de l'appréciation des œuvres de ce magnifique écrivain, donnée par la *Revue des Deux Mondes.*

« Le *Génie du Christianisme*, dit M. Planche, devrait être appelé les *agréments de la religion chrétienne.* C'est un livre écrit pour les femmes oisives, pour les jeunes gens qui partagent leur vie entre le jeu, l'escrime et l'équitation; c'est une chose qui ne signifie rien. »

Oh! ce n'est pas tout; patience!

« Les *Martyrs*, poursuit-il, sont un livre mortellement ennuyeux. Chateaubriand n'a fait que juxtaposer l'expression de trois traditions diverses, David, Homère, Virgile. »

Halte-là, seigneur critique!

David, Homère, Virgile! c'est-à-dire la foi brûlante d'enthousiasme, la force débordant de grandeur et d'éclat, la grâce la plus exquise unie au goût le plus pur... Et Chateaubriand est l'expression de tout cela?

Merci, nous prenons acte de l'aveu.

Les *Natchez*, l'*Itinéraire de Paris à Jérusalem* et les *Études historiques* sont traités avec le même sans-gêne et avec une égale contradiction de sentiments et d'idées.

Bref, M. Planche conclut ainsi :

« Chateaubriand n'est qu'un lecteur de beaux discours, un *écrivain de premier ordre*, mais dont le nom vivra plus longtemps que les ouvrages; l'auteur de plusieurs centaines de pages admirables, qui, dans toute sa vie, n'a pas écrit un beau livre; car *René*, dans le *Génie du Christianisme*, et *Velléda*, dans les *Martyrs*, sont comme un chêne dans une bruyère immense. »

Ce ne sont pas là, nous le déclarons,

les seules absurdités que la haine du spiritualisme inspire au célèbre Aristarque.

Il fait contre Victor Hugo des sorties aussi passionnées qu'indécentes.

En 1838, il imprime :

« Les œuvres signées jusqu'alors du nom de Hugo sont destinées à disparaître sous le flot envahissant de l'oubli. »

A l'entendre, « les *Odes et Ballades* sont œuvre d'écolier, » et « la poésie proprement dite ne joue aucun rôle dans les *Orientales.* » Si les *Feuilles d'automne* trouvent auprès de lui quelque indulgence, il n'en verse que plus de mépris sur les *Chants du crépuscule.* Bref, les *Voix intérieures* lui révèlent dans le poëte « un prêtre qui brûle l'encens, un Dieu qui le respire. »

De tous les livres en prose de Victor Hugo, Planche n'en trouve pas un seul dont on puisse dire :

« La somme d'éloges qu'on en doit faire dépasse la somme de blâmes qu'on doit lui infliger. »

Puis il ajouté :

« La vie de cet homme n'est qu'une longue suite d'erreurs obstinées. Les plus ignorants savent que l'auteur de *Notre-Dame de Paris* se croit dispensé de l'étude par la toute-puissance de son génie, et sont très-décidés à ne pas accepter cette prétention. Il n'y a pas de science possible sans étude ; et, si M. Victor Hugo veut tirer tout de lui-même, il sera bientôt condamné à subir le dédain public. »

Nous ne relèverons pas l'injustice flagrante et le ridicule de ce reproche.

Jamais piqûre de critique ne fut plus injustement venimeuse ; jamais coup ne tomba plus à faux : les moins instruits savent au contraire que l'auteur de *Notre-Dame* possède une érudition prodigieuse auprès de laquelle pâlissent les têtes les plus encyclopédiques du siècle.

En vérité, pour l'honneur de M. Gustave Planche, nous voulons croire qu'il n'était pas de sang-froid lorsqu'il a tracé de pareilles lignes.

Ou bien quelque transport de misanthropie au cerveau, quelque noir accès de spleen littéraire, lui avaient brouillé l'entendement.

Des amis officieux apportèrent à Victor Hugo ces articles de la *Revue des Deux Mondes*.

— Que voulez-vous? dit le poëte. Planche est venu, un soir, chez moi avec d'affreuses savates, percées de jours de souffrance. Je lui ai donné de vieilles bottes. On se fait toujours un ennemi de l'homme à qui l'on donne ses vieilles bottes.

Peu d'années auparavant, Gustave se montrait fort assidu au cercle de la place Royale.

Malgré son oubli complet de la propreté la plus élémentaire et des plus simples règles de la décence, il était reçu très-affectueusement par les nobles hôtes.

Longtemps même il partagea la table du poëte.

Quand on ne conserve pas la mémoire du cœur, il faudrait au moins garder celle de l'épigastre.

On peut écrire des pages absurdes, mais on est impardonnable lorsque ces pages deviennent une mauvaise action.

Les amis de Gustave ont si bien compris cette vérité, qu'ils s'efforcent, encore aujourd'hui, d'expliquer sa rancune sournoise par une phrase blessante qui serait échappée, disent-ils, à madame Hugo.

Elle aurait demandé au critique, un jour que la conversation tombait sur la toilette masculine :

— Monsieur Planche, avez-vous beaucoup de chemises ?

L'anecdote nous semble apocryphe.

Il suffit d'avoir vu madame Hugo pour la croire incapable de blesser qui que ce soit par un mot piquant ou par une raillerie, — à moins que ce damné Gustave, à l'exemple de l'érotique Sainte-Beuve, ne l'ait poussée à bout par ses audaces. Alors le cas de légitime défense la rendrait excusable, sans justifier l'agresseur ni lui permettre la rancune, surtout vis-à-vis de l'époux.

Terminons avec l'œuvre du critique.

A différentes époques, il a passé en revue toute la littérature contemporaine, dans des morceaux d'une incontestable valeur. Ils ont pour titre : la *Poésie, le Théâtre et le Roman contemporains;* — les *Royautés littéraires,* — *De l'état du théâtre en France,* — les *Amitiés littéraires,* — *Moralité de la poésie,* — *De la critique française,* — *De la langue française,* etc.

Laissons les écrits, et revenons aux faits et gestes de l'homme.

Du jour où Gustave Planche devint littérateur, il fut irrémissiblement brouillé avec son père et avec toute sa famille.

Cette famille est riche et nombreuse [1].

On ne voulut plus entendre parler de

---

[1] Gustave a un frère qui ne vécut pas en meilleure intelligence avec les siens, et qui a tenu longtemps un cabinet de lecture dans le quartier de l'Odéon.

lui, et, chose incroyable, à l'heure même où notre volume s'imprime, toute cette phalange de bourgeois obtus et rancuniers ne prononce encore son nom qu'avec une sorte de colère haineuse.

Soit désir de leur faire honte, soit envie de ressembler au philosophe de Sinope, Gustave porte d'abominables costumes et ne se lave jamais les mains.

Ceux qui l'ont connu avant cette métamorphose affirment que c'était un jeune homme parfaitement distingué, rehaussant par des façons aristocratiques et par une tenue parfaite les avantages d'une taille élégante et d'une figure expressive.

Hei mihi! quantum mutatus ab illo!

George Sand venait de publier son fameux livre d'*Indiana*.

Le critique de la *Revue des Deux Mondes* porta l'œuvre aux nues, et tout naturellement l'auteur désira connaître l'homme qui assurait son triomphe littéraire.

Un ami commun les présenta l'un à l'autre, et bientôt ils s'unirent étroitement.

Madame Sand commença par rendre visite à Planche, rue des Cordiers, à l'hôtel Jean-Jacques-Rousseau, l'un des plus pauvres et des plus sales du quartier latin.

On ne se figure pas quel bouge c'était alors et quel étrange peuple y trouvait refuge.

Certes, il fallut à la baronne Dudevant beaucoup de courage pour y pénétrer. L'intrépide Aurore y arrivait, vêtue en homme; on ne l'appelait que *monsieur* George et on la prenait pour un étudiant.

Capo de Feuillide ayant, à cette époque, écrit des articles peu favorables à *Indiana*, Planche ne se contenta pas de défendre son amie avec la plume.

Il saisit vaillamment l'épée.

Le duel n'eut pas de suites graves. Notre héros exempt de blessures et *monsieur* George partirent ensemble pour le château de Nohant.

Nous laissons parler ici madame Sand elle-même:

« Je dois, dit-elle, une reconnaissance particulière, comme artiste, à M. Gustave Planche, esprit purement critique, mais d'une grande élévation. Il me fut très-utile, non-seulement parce qu'il me força, par ses moqueries franches, à étudier un peu ma langue, que j'écrivais avec beaucoup trop de négligence, mais encore parce que sa conversation peu variée, mais très-substantielle et d'une clarté remarquable, m'instruisit d'une grande quantité de choses.

« Après quelques mois de relations très-douces et très-intéressantes pour moi, j'ai cessé de le voir pour des raisons personnelles qui ne doivent rien faire préjuger contre son caractère privé, dont je n'ai jamais eu qu'à me louer en ce qui me concerne.

« Mais, puisque je raconte ma propre histoire, il faut bien que je dise que son intimité avait pour moi de graves inconvénients.

« Elle m'entourait d'inimitiés et d'amertumes violentes.

« Déjà Delatouche n'avait pas voulu se prêter à un raccommodement avec lui et s'était brouillé avec moi à cause de lui.

« Tous ceux que Planche avait blessés, par des écrits ou des paroles, me faisaient un crime de le mettre chez moi en leur présence, et j'étais menacée d'un isolément complet par l'abandon d'amis plus anciens que lui, qui ne devaient pas, disaient-ils, être sacrifiés à un nouveau venu.

« J'hésitai beaucoup.

« Il était malheureux par nature, et il avait pour moi un attachement et un dévouement qui paraissaient en dehors de sa nature.

« J'eusse trouvé lâche de l'éloigner en vue des haines littéraires que ses éloges m'avaient attirées ; on ne doit rien faire pour les ennemis ; mais je sentais bien que son commerce me nuisait intérieurement.

« Son humeur mélancolique, ses théories de dégoût universel, son aversion pour le laisser aller de l'esprit aux choses faciles et agréables dans les arts, enfin la tension d'analyse qu'il fallait avoir quand on causait avec lui, me jetaient à mon tour dans une sorte de spleen auquel je n'étais que trop disposée à l'époque où je le connus.

« Je voyais en lui une intelligence éminente qui s'efforçait généreusement de me faire part de ses conquêtes, mais qui les avait amassées au prix de son bonheur, et j'étais encore dans l'âge où l'on a plus besoin de bonheur que de savoir.

« Je me souviens qu'un jour Planche me demanda si je connaissais Leibnitz, et que je lui répondis *non* bien vite, non pas tant par modestie que par crainte de le lui entendre discuter et démolir.

« Je n'aurais pourtant pas repoussé

Planche d'auprès de moi, dans un but d'intérêt personnel, même d'un ordre si élevé et si précieux que celui de ma sérénité intellectuelle, sans des circonstances particulières qu'il comprit avec une grande loyauté de désintéressement et sans aucun dépit d'amitié.

« Pourtant on l'accusa auprès de moi de quelques mauvaises paroles sur mon compte. Je m'en expliquai vivement avec lui.

« Il les nia sur l'honneur, et, par la suite, de nombreux témoignages m'affirmèrent la sincérité de sa conduite à mon égard.

« Je n'ai plus fait que le rencontrer.

« La dernière fois, ce fut chez madame

Dorval, et je crois bien qu'il y a quelque chose comme déjà dix ans de cela [1]. »

Dans son roman de *Béatrix*, Balzac a mis en scène les deux héros de cette liaison singulière.

George Sand est peinte sous le nom de Félicité des Touches, et Gustave Planche peut reconnaître son portrait dans celui de Claude Vignon.

Ce passage est l'un des plus expressifs du livre.

« Félicité n'était pas seule aux Touches : elle y avait un hôte. Cet hôte était Claude Vignon, écrivain dédaigneux et superbe

---

[1] *Histoire de ma vie*. — *Presse* des 17 et 18 juillet 1855.

qui, tout en ne faisant que de la critique, a trouvé moyen de donner au public et à la littérature l'idée d'une certaine supériorité.

« Félicité, qui, depuis sept ans, avait reçu cet écrivain comme *cent autres*, auteurs, journalistes, artistes et gens du monde, qui connaissait son caractère sans ressort, sa paresse, sa profonde misère, son incurie et son dégoût de toutes choses, paraissait vouloir en faire son *mari*, par la manière bizarre dont elle s'y prenait avec lui.

« Sa conduite, incompréhensible pour ses amis, elle l'expliquait par l'ambition, par l'effroi que lui causait la vieillesse.

« Elle voulait confier le reste de sa vie

à un homme supérieur, pour qui sa fortune serait un marchepied, et qui lui continuerait son importance dans le monde poétique.

« Donc elle avait emporté Claude Vignon de Paris aux Touches, comme un aigle emporte dans ses serres un chevreau, pour l'étudier et pour prendre quelque parti violent; mais elle abusait à la fois Calyste [1] et Claude Vignon [2]. »

Voilà probablement le fin mot de la rupture, délayé dans une centaine de lignes de madame Sand, et noyé par un remplissage philosophique et sentimental

---

[1] On pense que Calyste représente Delatouche.
[2] Œuvres complètes de Balzac, édition Houssiaux, tome III, page 545.

qu'un lecteur attentif et judicieux n'acceptera jamais comme article de foi.

Balzac, ainsi qu'on a pu le voir par ce qui précède, reconnaissait le talent de critique de Gustave Planche.

Il redoutait par-dessus tout d'en être attaqué.

Chose bizarre, l'auteur de la *Peau de Chagrin* craignait l'Aristarque de la *Revue des Deux Mondes* un peu plus qu'il ne craignait Dieu. Lorsqu'il acheta la *Chronique de Paris*, en 1836, il voulut absolument attacher Gustave à la fortune de ce journal.

Pour obtenir sa collaboration exclusive, il paya généreusement une somme de mille écus, versée, comme avance, par

Buloz, et que le critique devait rembourser en copie.

Nous avons oublié de dire que, plusieurs années auparavant, en 1832, Gustave Planche était entré à la rédaction des *Débats.*

Il y resta six semaines.

On a dit, mais à tort, qu'il avait été remercié, parce qu'il tirait trop fréquemment sur la caisse.

L'assertion n'est pas vraisemblable, et chacun sait que les *Débats* ont la bourse aussi large que la conscience.

Il y a, dans ce vieil organe de tous les parjures, une coterie voltairienne, une horde politique sans foi ni loi, trop habituée, à recevoir de toutes mains, pour ne pas rendre de même, si quelque plume *utile* dépasse la limite financière.

Demandez plutôt à M. Philarète Chasles.

Un jour, il se fit avancer six mois d'honoraires sur une énorme liasse, dont le premier feuillet seul était noirci, et le reste d'une immaculée blancheur.

Les honorables perruques de l'endroit ne virent là qu'un tour fort plaisant, et n'eurent pas la moindre envie de congédier M. Philarète Chasles.

Il est vrai que celui-ci tient en main beaucoup de leurs secrets politiques.

Pour en revenir à Gustave Planche, il quitta la feuille de la rue des Prêtres, parce qu'elle se montrait hostile au parti libéral.

N'oubliez pas que la *Revue des Deux Mondes* était alors quasi républicaine.

Buloz ne l'avait point encore vendue à Guizot. Le naïf critique trembla de se compromettre en restant dans un camp ennemi.

Plus heureuse que les *Débats*, la *Chronique* put le conserver jusqu'à l'heure où elle mourut d'épuisement, c'est-à-dire deux années à peine après avoir vu le jour. Ni le talent de Balzac ni la plume de Gustave ne purent la relever de son agonie.

Nous voyons Planche, à cette époque, atteint d'un mal d'yeux fort grave.

A force de lire volume sur volume, de corriger des épreuves, et surtout à force de vouloir éteindre par des rafraîchissements alcooliques un sang brûlé par l'étude, sa vue s'affaiblit au point que ces messieurs de la Faculté lui ordonnent le repos le plus absolu.

— Le repos! s'écrie-t-il... je les trouve charmants, ces médecins !... le repos à un homme qui n'a que son travail pour vivre !

Il était absolument dans la situation de ces pauvres diables qui se traînent à la consultation gratuite des hospices, et auxquels nos facétieux docteurs prescrivent un régime alimentaire très-substantiel et le vin de Bordeaux.

Fort heureusement pour Gustave, il hérité, sur les entrefaites, de soixante-quinze à quatre-vingt mille francs.

Sans plus tarder, le critique fait ses adieux à Balzac et part pour l'Italie avec un portefeuille bourré de billets de banque. Il ne songe même pas à placer chez un notaire ou à confier au Trésor cette petite fortune, des revenus de laquelle il peut honorablement vivre.

La patrie des beaux-arts garde Planche sept années entières.

Il salue tous les monuments, visite tous les musées, ne s'occupe plus de lecture, et se borne, chaque soir, à noter ses impressions artistiques.

Sous le beau ciel de Florence et de Naples, il prend la douce habitude du *far niente*, dépensant à boire et à manger le mieux possible les écus de l'héritage, sans acheter, dit-on, la moindre redingote.

A la fin, il s'aperçoit que son magot fond à vue d'œil.

Certaines velléités religieuses, inspirées sans doute par la pompe et la poésie du culte dans les églises italiennes, s'emparent de son âme.

Planche accomplit avec beaucoup de régularité ses devoirs de chrétien... pendant six semaines.

Étant ruiné, le parti le meilleur qu'il voit en perspective est de se faire moine.

— J'irai me claquemurer dans un monastère, se dit-il, et j'y prononcerai des vœux.

Cette résolution, qui l'eût exempté des embarras de la vie matérielle, flattait sa nature apathique, en même temps qu'elle eût été favorable à ses labeurs d'écrivain.

Qui l'empêcha de l'exécuter?

Une déesse païenne seule pourrait le dire, — avec Bacchus, qui fut comme elle dans la confidence.

Notre homme revint à Paris, et Buloz, derechef, lui ouvrit les bras.

La première apparition de Gustave au café Momus, dans cet indescriptible costume que vous savez, porta l'enthousiasme à des proportions délirantes.

Tous les habitués du lieu, ribauds et truands, fleur des pois de la bohème littéraire qui commençait à poindre, le reçurent en triomphe au milieu d'une bacchanale qui réveilla les échos de la vieille basilique voisine [1].

Un bohème poëte, s'emparant du vénérable et crasseux chapeau de Gustave, improvisa, séance tenante, une ode magnifique sur cet illustre couvre-chef.

Planche se laissa faire avec une bonne grâce infinie, et but comme un héros de l'*Iliade*.

Le lendemain, il reprenait son train de vie d'autrefois.

[1] Saint-Germain-l'Auxerrois. (Voir, pour la description du café Momus, les biographies de Champfleury et de Henri Murger.)

Quand le célèbre critique a de l'argent, voici comme il le dépense et comme il s'amuse.

Il retient un coupé, la veille au soir, et dit au cocher de venir stationner à sa porte dès six heures du matin, sans faute.

A neuf heures, il se lève et se fait conduire chez quelques amis, peintres ou sculpteurs.

A onze, on le dépose dans quelque café-restaurant très en renom.

Là, Gustave se commande en premier lieu de l'absinthe et du vermouth. Quand il a pris sept à huit petits verres, il déjeune d'une façon plus que confortable, et paye la carte, qui s'élève à vingt-cinq ou trente francs.

Puis il remonte en voiture pour une seconde tournée chez d'autres artistes.

Vers six heures, il descend au café de Paris.

S'étant ouvert les voies digestives par le même procédé que le matin, il se fait apporter chère succulente et vins exquis. La dépense flotte, cette fois, entre cinquante et soixante.

Sa voiture le mène ensuite digérer au balcon de l'Opéra ou à l'orchestre du Théâtre-Français.

Vers minuit, Gustave a dix-huit heures de remise. Il donne quarante francs au cocher, grimpe à sa mansarde, et s'endort avec le calme d'une conscience pure, en se disant comme Titus :

« — Je n'ai pas perdu ma journée ! »

Le *Salon de* 1846, publié quelque temps après son retour d'Italie, témoigna de ses études sérieuses. Jamais il ne montra plus de force et une autorité plus grande.

Presque aussitôt il recommença le feu contre les romantiques avec une verve pleine de colère.

Nombre de personnes crurent trouver dans ces attaques la rage de l'impuissance : nous n'y voyons que l'amertume d'un esprit aigri. Quand on est peu satisfait de soi-même, on ne l'est pas du tout des autres. Les jugements de Gustave Planche, sauf à l'égard de Victor Hugo, ne nous semblent dictés, du reste, ni par la passion ni par la haine. Si notre devoir d'historien sincère nous a fait signaler son ingratitude, nous le croyons incapable de dénigrer systématiquement, par méchanceté pure et par instinct jaloux[1], comme a fait, depuis vingt années et plus, le sieur Janin, grâce à l'honnête concours des *Débats*.

Gustave Planche n'est point avare d'éloges, et jamais il ne condamne sans raison, — sans une raison qui peut nous paraître

---

[1] Cependant les tribunaux ont été saisis dernièrement d'une affaire curieuse, relative à ses articles. Un peintre espagnol l'attaqua pour avoir critiqué d'une façon malveillante un portrait qui n'existait pas, ou plutôt qui n'avait point été envoyé à l'Exposition. Ce peintre était-il, par hasard, ennemi de Buloz ? En tout cas, Gustave Planche fut condamné à cinq cents francs d'amende.

mauvaise, et qui lui semble, à lui, très-concluante.

Dieu nous garde de nous trouver en tout de son opinion; mais il est sincèrement de la sienne.

Ce n'est point, d'ailleurs, un critique vénal. MM. Jules Lecomte et Fiorentino doivent lui rendre cette justice. On ne voit pas sa demeure encombrée de cadeaux opulents, conquis au bec de la plume sur les rois et les reines de théâtre, ou sur d'autres vaniteux imbéciles à qui la grosse voix de la presse fait peur.

Il sera beaucoup pardonné à Gustave Planche, parce qu'il n'a jamais fait *chanter*.

L'une de ses plus grandes faiblesses est de subir le joug de Buloz, relativement aux rancunes singulières de celui-ci et à ses amitiés plus singulières encore.

Néanmoins Gustave ne passe pas toujours sous les Fourches Caudines de l'autocrate.

Une fois, il apporte un article foudroyant contre Alexandre Dumas.

Chacune de ses phrases était un coup de lanière; il réduisait à néant l'insolente renommée du forban de la plume.

— Mon cher, dit Buloz, Dumas écrit chez nous. Je ne tire pas sur les miens. Modifiez l'article.

— Voilà comme je le modifie! répond Gustave.

Et il jette son manuscrit au feu.

Cet acte d'héroïsme était d'autant plus admirable, qu'à cette époque il se trouvait dans un dénûment affreux. Il portait au mois de novembre un pantalon de toile, acheté en avril à la *Belle Jardinière*.

Le mérite de Gustave Planche comme écrivain est universellement reconnu.

Peut-être même a-t-il trop d'ampleur dans la forme, trop d'harmonie dans la période. On est tenté de croire que cette manière solennelle et presque majestueuse est le produit d'un long et pénible travail. Il n'en est rien. Jamais auteur n'eût la rédaction plus facile.

Pour la solidité de l'enseignement, un seul critique soutient avec lui le parallèle, et celui-là n'est pas de notre siècle, c'est Diderot.

L'influence de Gustave Planche sur les hommes et les choses du jour n'a jamais été mise en doute. Vous avez entendu la mère d'*Indiana*. Si vous interrogez l'auteur de *Mademoiselle de la Seiglière*, il vous répond :

« — C'est à Planche que je dois la moitié de mon style et de mon talent. »

Grande ou petite, la gent artistique professe pour notre héros une estime qui touche au respect.

Il y a quelque dix ans, un personnage, huileux d'habits et de figure, marchant sur des talons obliques, porteur d'une chemise abominablement sale, d'un habit au collet gras, d'un feutre impossible, d'un pantalon effondré et frangé à la base, entre dans la cour de l'École des Beaux-Arts.

— Voilà Chodrus Duclos! s'écrie un rapin.

Mais un autre de lui pousser le coude :

— Tais-toi, dit-il, c'est Gustave Planche!

Aussitôt la foule des élèves entoure le critique, lui forme une escorte et recueille ses paroles comme autant d'oracles.

Impossible de ne pas raconter une anecdote qui a depuis longtemps force d'histoire. Elle peint d'un seul trait Gustave et sa malpropreté foncière.

Prié à dîner chez une actrice célèbre (les uns disent Anaïs, les autres Dorval), il arrive avant tout le monde.

— Mon Dieu, Planche, comme tu es fait! dit l'actrice. Va prendre un bain, je t'en conjure; voilà une carte.

Une heure après, il revient aussi sale qu'auparavant.

— Mais tu n'es pas allé te baigner, malheureux?

— Si, ma foi!

— Regarde tes mains!

— Ah! c'est que j'ai lu! dit Planche avec beaucoup de calme et ne doutant pas de la validité de son excuse.

Occupé à tenir un livre, il n'avait pas même trempé le bout du doigt dans la baignoire.

A l'extérieur comme à l'intérieur, Gustave a toujours eu l'eau en profonde exécration.

— Je ne demande qu'une chose, répond-il à ceux qui le préviennent charitablement qu'il dépasse les bornes de la tempérance, c'est de ne pas *festonner le granit*.

Quelqu'un lui frappe, un soir, sur l'épaule en disant :

— Planche, vous festonnez.

— Allons donc! s'écrie-t-il, je repose sur une trop large base!

Il adopte un café pendant sept ou huit mois ; puis il le délaisse et en fréquente un autre.

Constamment il a soin de choisir la même place.

Au café des Quatre-Vents [1], lorsque les tables voisines étaient occupées, il lui fallait, pour gagner son poste d'habitude, passer entre le mur et une colonne qui pressait rudement son énorme ventre. Il s'engageait dans cet étroit passage, et,

[1] Rue des Quatre-Vents, quartier de l'Odéon.

lorsqu'il ne pouvait s'en tirer tout seul, il criait à un étudiant :

— Jeune ami, viens à ma remorque !

Dans les cafés qu'il honore de sa prédilection, Gustave Planche boit de la bière comme un guerrier d'Odin.

Sur le minuit, il se lève, fait deux ou trois pas au milieu de la salle pour bien s'assurer qu'il ne perdra point l'équilibre, jette un coup d'œil de satisfaction sur son colossal abdomen et s'écrie :

— Ramenons à présent mon tonneau chez moi !

Quand la gêne arrive, il ne se montre plus au café. Il vit de fromage et de pain, dans son galetas, ou mange à la gargotte des maçons.

Pendant une année tout entière, il a diné chaque jour à la *Petite Californie*, établissement sans rival de la barrière du Maine, où les couteaux, cuillers, fourchettes et gobelets d'étain sont enchaînés aux tables, tant on se fie à la probité des clients.

Une fois dans la misère, Gustave travaille avec une ardeur extrême. On le rencontre alors aux musées, aux bibliothèques et dans les cabinets de lecture.

Dès que le travail lui a rendu quelques finances, il fait choix d'un nouveau café-restaurant et reprend son existence de Gargantua.

Il faut, du reste, en convenir, le redoutable critique a le vin débonnaire. Les intérêts de l'art et le despotisme de Buloz ne le tourmentent plus en face d'une bouteille. Il ne parle que de moss de bière, d'absinthe, de volailles truffées et de fins liquides.

En 1848, il se prit tout à coup d'un beau zèle pour le bonheur de la France, catéchisant après boire la jeunesse des écoles, l'exhortant à devenir sérieuse et à délaisser le billard pour la politique, détestable conseil dont il se repentait sans doute à jeun.

Même dans ses plus grandes périodes de splendeur, Gustave Planche n'a jamais habité que des bouges.

Il cache son adresse à toutes ses connaissances, moins par honte que par amour de l'isolement.

S'il est forcé d'accepter le bras de quelqu'un pour rentrer le soir, il congédie toujours son guide avant d'arriver à la rue qu'il habite. S'aperçoit-il qu'on l'observe ou qu'on le suive, il s'éloigne et prend une direction contraire.

Un peintre facétieux s'amusa une fois à lui faire battre le pavé jusqu'à trois heures du matin.

Planche marchait héroïquement.

Ce fut l'indiscret qui se lassa le premier. Gustave put rentrer chez lui sans être vu.

Longtemps on se figura qu'il couchait à la belle étoile, dans les carrefours, sur les promenades, et lui-même prenait plaisir à accréditer ce bruit.

— Où demeurez-vous? lui demandait-on.

— Je ne demeure pas, répondait-il, je perche.

— Et où?

— Champs-Élysées, troisième arbre à main droite.

Quand notre homme déménage, toute sa garde-robe tient dans son chapeau, ce qui le dispense des services du commissionnaire, grand révélateur d'adresses.

Un de ses maîtres d'hôtel garni tomba de son haut quand il le vit prendre possession de sa chambre avec trois faux cols pour tout linge.

— Mais où sont vos chemises, monsieur? lui demanda-t-il naïvement.

— Faites-moi le plaisir, répondit Planche, de m'expliquer pourquoi l'on met des chemises. N'est-ce pas afin de montrer son col?... Eh bien, voilà trois cols tout propres!

Plus Gustave vieillit, moins il accepte facilement les volontés tyranniques de Buloz.

Très-souvent il se fâche et l'envoie paître.

Cette porte fermée, son apathie l'empêche d'aller frapper à d'autres. Et cependant il meurt de faim.

Leur dernière brouille eut lieu dans le cours d'un hiver rigoureux. Planche allait par les rues avec un chapeau gris troué, un lambeau de foulard en cravate, un pâletot d'étoffe légère, dite *orléans*, à ventouses innombrables, et les pieds dans des bottes sans semelles.

Mais heureusement Buloz revient toujours.

Il a besoin de Planche pour tenir en bride les hauts et puissants personnages qui patronnent sa boutique, et dont parfois les orgueilleuses prétentions l'offusquent.

Pour eux Gustave est la tête de Méduse.

De temps à autre, Buloz l'autorise à casser les vitres.

La dernière affaire du critique de la *Revue des Deux Mondes* avec Cuvillier-Fleury-Polyanthe et ce littérateur poussif appelé Janin n'a pas amusé médiocrement la galerie.

Tous les rieurs ont été du côté de Gustave.

Ce méchant *Figaro* s'est même permis d'écrire dans un entre-filet audacieux :

« M. Cuvillier-Fleury, candidat perpétuel à l'Académie, a été rudement boutonné à cette première passe. Ne semble-t-il pas voir un tambour ventru faisant assaut avec Grisier? Quant à l'auteur de la préface de *Barnave* (ne vous trompez pas à l'antiphrase ; il s'agit, non de Félix Pyat, mais du critique hebdomadaire de la rue des Prêtres), il a eu tort de modifier sa manière. Que n'intentait-il un procès à Gustave Planche ou à la *Revue des Deux Mondes* ? Il l'aurait perdu, c'est vrai ; mais il aurait eu le plaisir de plaider SOUS LUI pendant trois heures. »

O Figaro ! quelle ignoble image ! et comme elle serait condamnable, si elle n'était pas fidèle [1] !

Gustave Planche n'a pas ce qu'on nomme l'esprit de saillie. Sa phrase belliqueuse, au lieu d'être une pointe, est un

---

[1] Janin s'est vengé en se faisant BIOGRAPHE, c'est-à-dire en appelant son adversaire *Polycrasse* et en commettant le crime de vérité contemporaine qu'il nous reproche chaque jour.

coup de massue. Néanmoins on cite de lui quelques mots fort méchants.

Chaudes-Aigues fut son camarade intime et son élève. Planche le fit débuter à la *Chronique de Paris* et à l'*Artiste*.

Très-railleur et très léger, Chaudes-Aigues demeurait pourtant fort attaché à Planche.

Un jour celui-ci tombe malade.

Son ami le soigne avec beaucoup de sollicitude et ne quitte plus le chevet du critique.

Il s'évertuait à tenir, pour l'égayer, mille propos joyeux. Par malheur, Gustave ne trouvait pas ses plaisanteries suffisamment assaisonnées de sel attique.

Chaudes-Aigues s'absente pour aller chercher un remède, et le laisse à la garde de quelques visiteurs.

Planche se soulève sur son grabat, le suit du regard, et dit à ceux qui restaient dans la chambre :

— Ce qu'il y a de plus terrible dans ma position, c'est que je suis obligé de subir la présence, les soins et les discours de ce crétin-là !

Voici un autre fait plus authentique, s'il est possible. *Habemus confitentem reum*: c'est Gustave Planche lui-même qui le raconte.

Rentrant chez lui par un temps de

neige affreux et par une nuit de décembre, il trouve au coin d'une borne une pauvre femme accroupie, qui lui demande l'aumône en pleurant.

Il fouille à sa poche et en tire un sou; mais presque aussitôt il le resserre et murmure :

— Pas si bête ! j'allais faire une bonne action !

Ceci donne une pauvre idée du caractère de l'homme. Revenons au mérite de l'écrivain.

L'empereur estime d'une façon particulière le talent de critique de Gustave Planche. Il a toujours dans son cabinet quelque livraison de la *Revue des Deux*

Mondes, ouverte à l'endroit de ses articles.

Aussitôt après son avénement à l'empire, il écrivit à notre héros pour lui faire savoir qu'il l'invitait à choisir, dans l'administration des Beaux-Arts, telle place qui lui conviendrait, fût-ce la première de toutes.

Planche songea qu'il faudrait changer sa vie, aliéner sa liberté, renoncer à la licence de ses habitudes; il remercia l'empereur et ne voulut rien accepter.

Du reste, voici comme on apprit l'histoire.

Un personnage très-haut placé dans l'administration des Beaux-Arts vint, un jour, se plaindre avec violence à Buloz de certains articles de critique publiés par Planche sur de grands travaux en cours d'exécution.

— Prenez garde, monsieur, répond Buloz. Sa Majesté fait le plus grand cas de l'opinion de M. Planche.

Il court en toute hâte prévenir son rédacteur et lui conter l'aventure.

Gustave se lève, — car c'était pendant la maladie dont nous avons parlé plus haut, — cherche dans un meuble la lettre flatteuse de Louis Bonaparte et la fait lire à Buloz.

— Quand vous reverrez ce monsieur, lui dit-il, prévenez-le que demain, si bon me semble, je puis être à sa place!

L'homme qui a méprisé les loisirs administratifs continue à travailler pour le public et pour l'art. A l'occasion de l'Exposition universelle, il a donné une série d'articles vraiment supérieurs. C'est toujours la même sûreté de jugement, le même savoir profond, le même style magistral, simple et pur. Tout récemment, il a résumé dans des pages éloquentes l'œuvre du grand statuaire que la France vient de perdre, David d'Angers.

Gustave Planche a la vue très-affaiblie.

Les excès ruinent de plus en plus sa santé chaque jour, et sa misère devient plus grande. Il continue de porter ces mêmes vêtements qui ont inspiré à Charles Nodier l'un de ses plus jolis mots.

On vint dire à l'auteur de la *Fée aux miettes* qu'un romantique exaspéré avait attendu le critique de la *Revue des Deux Mondes*, un soir, au coin de la rue, et qu'il était tombé sur lui à coups de canne, de toute la force de son indignation.

— Dieu soit loué ! fit Nodier avec douceur : au moins l'habit de Planche aura été battu une fois !

FIN.

AVIS.

En tête de la prochaine Notice nous répondrons à la bordée d'articles que certains journaux nous envoient.

ERRATUM

Dans notre dernier volume (biographie de M. Viennet), page 6, ligne 12, au lieu de *chef-lieu du département de l'Hérault*, lisez : *chef-lieu d'arrondissement de l'Hérault*, et que la distraction d'un compositeur ne vous fasse pas douter de nos connaissances géographiques.

Même volume, page 62, nous avons, sur la foi d'un journaliste (ces messieurs ne sont pas forts, même en chronologie contemporaine) attribué une anecdote académique, très-insignifiante du reste, à Paul-Louis Courier, tandis qu'elle appartient à Lacretelle.

Mâcon 1er Janvier 1849.

Daly cour, Monsieur, m'donny une bonne dose d'salsifis ?
J'viendrai d'grand z'appétit ; à tard. J'vous pris'trez coti
offy samtous pr'un r'in.

J. C. V.
Gustave Jaure

Imp. Lith. V. Janson, 14, rue Dauphine, Paris.

www.ingramcontent.com/pod-product-compliance
Lightning Source LLC
LaVergne TN
LVHW050635090426
835512LV00007B/856